BEI GRIN MACHT SICH IHR WISSEN BEZAHLT

- Wir veröffentlichen Ihre Hausarbeit, Bachelor- und Masterarbeit
- Ihr eigenes eBook und Buch - weltweit in allen wichtigen Shops
- Verdienen Sie an jedem Verkauf

Jetzt bei www.GRIN.com hochladen und kostenlos publizieren

Bibliografische Information der Deutschen Nationalbibliothek:

Die Deutsche Bibliothek verzeichnet diese Publikation in der Deutschen Nationalbibliografie; detaillierte bibliografische Daten sind im Internet über http://dnb.d-nb.de/ abrufbar.

Dieses Werk sowie alle darin enthaltenen einzelnen Beiträge und Abbildungen sind urheberrechtlich geschützt. Jede Verwertung, die nicht ausdrücklich vom Urheberrechtsschutz zugelassen ist, bedarf der vorherigen Zustimmung des Verlages. Das gilt insbesondere für Vervielfältigungen, Bearbeitungen, Übersetzungen, Mikroverfilmungen, Auswertungen durch Datenbanken und für die Einspeicherung und Verarbeitung in elektronische Systeme. Alle Rechte, auch die des auszugsweisen Nachdrucks, der fotomechanischen Wiedergabe (einschließlich Mikrokopie) sowie der Auswertung durch Datenbanken oder ähnliche Einrichtungen, vorbehalten.

Impressum:

Copyright © 2015 GRIN Verlag, Open Publishing GmbH
Druck und Bindung: Books on Demand GmbH, Norderstedt Germany
ISBN: 978-3-668-23783-4

Dieses Buch bei GRIN:

http://www.grin.com/de/e-book/323985/beweglichkeitstraining-testung-auswertung-traininsplanerstellung-und

Lea Kim Engelmann

Beweglichkeitstraining. Testung, Auswertung, Trainingsplanerstellung und Effekte des Dehnens auf die sportliche Leistungsfähigkeit

GRIN Verlag

GRIN - Your knowledge has value

Der GRIN Verlag publiziert seit 1998 wissenschaftliche Arbeiten von Studenten, Hochschullehrern und anderen Akademikern als eBook und gedrucktes Buch. Die Verlagswebsite www.grin.com ist die ideale Plattform zur Veröffentlichung von Hausarbeiten, Abschlussarbeiten, wissenschaftlichen Aufsätzen, Dissertationen und Fachbüchern.

Besuchen Sie uns im Internet:

http://www.grin.com/

http://www.facebook.com/grincom

http://www.twitter.com/grin_com

Deutsche Hochschule für

Prävention und Gesundheitsmanagement

Hermann Neuberger Sportschule 3

66123 Saarbrücken

Einsendeaufgabe

Fachmodul: Trainingslehre III

Studiengang: Fitnessökonomie

Datum
Präsenzphase **09.11.2015 – 11.11.2015**

Name, Vorname: Engelmann, Lea Kim

Studienort: **München**

Semester: **WS 13**

Inhaltsverzeichnis

1 Personendaten 3
2 Beweglichkeitstestung 3
   2.1 Beweglichkeitstest bei Frau XY 3
   2.2 Auswertung der Testergebnisse bei Frau XY 5
3 Trainingsplanung Beweglichkeitstraining 6
4 Trainingsplanung Koordinationstraining 8
5 Studien: Effekte des Dehnens im Hinblick auf eine Verbesserung der sportlichen Leistungsfähigkeit 11
6 Literaturverzeichnis 13
7 Tabellenverzeichnis 14

1 Personendaten

Tab. 1: Personendaten Frau XY.

Alter	35 Jahre
Geschlecht	weiblich
Körpergröße	167 cm
Trainingsmotiv	Schmerzminderung in Schulter- und Nackenbereich, Stabilisation im unteren Bewegungsapparat
Berufliche Tätigkeit	Friseurin, Teilzeit
Sportliche Aktivität (früher/aktuell)	Tanz-Aerobic in Gruppenkursen (Zumba u.Ä.)
Trainingsumfang	2x wöchentlich, seit 1 Jahr
Leistungsstufe	Beginner
Zeitlicher Verfügungsrahmen	2x unter der Woche sowie 1x am Wochenende
Gesundheitszustand	behandelte Außenbandruptur im linken Sprunggelenk (vor 2 Jahren), beim Joggen umgeknickt
Sonst. Gesundheitliche Einschränkungen	schmerzhafte Muskelverspannungen im Schulter- und HWS-Bereich und daraus resultierende Immobilität, Stechen im linken Kniegelenk nach sportlicher Aktivität
Fazit Belastbarkeit	moderate Belastbarkeit möglich, Rücksichtnahme auf Belastbarkeit des Sprunggelenks sowie Kniestabilität

2 Beweglichkeitstestung

„Beweglichkeit ist eine der motorischen Hauptbeanspruchungsformen, die die Grundeigenschaften der körperlichen Leistungsfähigkeit des Menschen bilden. …. Die Beweglichkeit wird meistens anhand des maximal möglichen Bewegungsausmaßes eines Gelenks beurteilt." (Albrecht & Meyer, 2014, S. 12). Um also eine optimale Trainingsplanung durchführen zu können, ist es notwendig zunächst eine Beweglichkeitstestung mit dem Kunden durchzuführen. Im Folgenden wird eine Beweglichkeitstestung nach Janda (2000) durchgeführt. Hierbei werden Brust-, Hüftbeuge-, Kniestreck-, Kniebeuge- und Wadenmuskulatur getestet. Die Testergebnisse werden hierbei in drei Stufen aufgeteilt.

2.1 Beweglichkeitstest bei Frau XY

In der folgenden Tabelle werden die Ausführung jedes Tests sowie Normwerte und Ergebnisse der Testung bei Frau XY dargestellt.

Tab. 2: Beweglichkeitstest bei Frau XY (nach Janda, 2000).

Testbereich	Ausführung	Soll	Ist
Brustmuskulatur (nach Janda, 2000, S. 270): M. pectoralis major	• Kundin in Rückenlage sodass Schultergelenk des zu testenden Armes mit Kante der Liegefläche abschließt • anderer Arm neben Oberkörper • Beine anwinkeln, Füße zur Beckenstabilisation auf Liegefläche aufstellen • Tester fixiert Oberkörper durch leichten Zug mit Hand/Unterarm diagonal weg von Schultergelenk • Test-Arm abspreizen und außenrotieren; Ellenbogengelenk in 90°-Winkel gebeugt • **Messbereich:** Position Oberarm zur Horizontalen	**Stufe 0:** Keine Beweglichkeitsdefizite; Oberarm erreicht Horizontale; Oberarm kann mit leichten Druck durch Tester unter die Horizontale gebracht werden. **Stufe 1:** Leichte Beweglichkeitsdefizite; Oberarm erreicht Horizontale nicht; mit leichtem Druck durch Tester kann Horizontale erreicht werden. **Stufe 2:** Deutliche Beweglichkeitsdefizite; Oberarm erreicht Horizontale auch durch Druck nicht. (nach Janda, 2000, S. 271)	Stufe 1 auf beiden Seiten
Hüftbeugemuskulatur (nach Janda, 2000, S. 258) M. iliopsoas	• Kundin in Rückenlage sodass Gesäß mit Liegeflächenkante abschließt, Beine im Überhang • Bein anwinkeln u. leicht Richtung Oberkörper ziehen (Tester kann helfen) • Tester beobachtet Hüftstreckung im herunterhängenden Bein • **Messbereich:** Winkel zwischen hängendem Oberschenkel u. Körperlängsachse	**Stufe 0:** Keine Beweglichkeitsdefizite; Beugung im Hüftgelenk bis zu 90° möglich. **Stufe 1:** Leichte Beweglichkeitsdefizite; Beugung im Hüftgelenk von 80° - 90° möglich. **Stufe 2:** Deutliche Beweglichkeitsdefizite; Beugung im Hüftgelenk nur unterhalb 80° möglich. (nach Janda, 2000, S 259)	Stufe 0 auf beiden Seiten
Kniestreckmuskulatur (nach Janda, 2000, S. 258) M. rectus femoris	• Kundin in Rückenlage sodass Gesäß mit Liegeflächenkante abschließt, Beine im Überhang • Bein anwinkeln u. leicht Richtung Oberkörper ziehen • herunterhängendes Testbein in max. Hüftstreckung durch Tester fixiert • Testbein durch Tester in max. Kniebeugewinkel geführt • Becken und LWS müssen fixiert bleiben • **Messbereich:** Winkel zwischen Ober- und Unterschenkel	**Stufe 0:** Keine Beweglichkeitsdefizite; Unterschenkel hängt senkrecht herab; Kniebeugung kann mit leichtem Druck durch Tester vergrößert werden. **Stufe 1:** Leichte Beweglichkeitsdefizite; Unterschenkel leicht nach vorne gestreckt; 90°-Kniewbeugeinkel mit leichtem Druck durch Tester erreichbar. **Stufe 2:** Deutliche Beweglichkeitsdefizite; 90°-Kniebeugewinkel auch durch Druck nicht erreichbar. (nach Janda, 2000, S. 259)	Stufe 0 rechts, Stufe 1 links
Kniebeugemuskulatur (nach Janda, 2000, S. 261) Mm. ischiocrurales	• Kundin in Rückenlage • Bein anwinkeln u. Fuß auf Liegefläche aufstellen • freies Testbein wird von Tester an Oberschenkelvorderseite und unterhalb des Sprunggelenk gefasst • Testbein durch Tester mit max. Kniestreckung in max. Hüftbeugung geführt • Becken und LWS müssen fixiert bleiben • **Messbereich:** Winkel zwischen Beinachse und Körperhorizontalen	**Stufe 0:** Keine Beweglichkeitsdefizite; Beugung im Hüftgelenk bis zu 90° möglich. **Stufe 1:** Leichte Beweglichkeitsdefizite; Beugung im Hüftgelenk von 80° - 90° möglich. **Stufe 2:** Deutliche Beweglichkeitsdefizite; Beugung im Hüftgelenk nur unterhalb 80° möglich. (nach Janda, 2000, S. 262)	Stufe 0 rechts, Stufe 1 links
Wadenmuskulatur (nach Janda, 2000, S. 255) Mm. Triceps surae	• Kundin in Rückenlage mit einem angewinkelten Bein • anderes Bein strecken sodass untere Hälfte des Unterschenkels über Liegefläche hinaus ragt • Tester greift von unten her das Fersenbein, mit anderer Hand wird der Fuß an äußerer Kante gefasst	**Stufe 0:** Keine Beweglichkeitsdefizite; Dorsalextension ist min. bis 0°-Stellung möglich **Stufe 1:** Leichte Beweglichkeitsdefizite; 0°-Stellung wird nicht erreicht; Dorsalextension ist aber möglich **Stufe 2:** Deutliche Beweglichkeitsdefizite; Dorsalextension nur bis 10° unterhalb der 0°-Stellung	Stufe 0 auf beiden Seiten

Testbereich	Ausführung	Soll	Ist
	• Tester zieht Ferse senkrecht von Körper weg und drück oberen Fußteil Richtung Schienbein bis Sprunggelenk maximal angewinkelt (Isolation zweiköpfiger Wadenmuskel) • durch Kniebeugung im Testbein kann Schollenmuskel isoliert werden • **Messbereich:** Winkel zwischen Fuß und Unterschenkel (0°-Stelllung wenn 90° zwischen Fuß und Unterschenkel)	möglich (nach Janda, 2000, S. 255)	

2.2 Auswertung der Testergebnisse bei Frau XY

Die Beweglichkeit in der Brustmuskulatur ist nach dem Test in Stufe 1 einzuordnen. Beide Körperhälften weisen eine leicht eingeschränkte Beweglichkeit auf. Die zusätzlichen Schmerzen in Nacken- und Schulterbereich lassen auf eine einseitige und falsche Haltung in Ihrem Beruf als Friseurin schließen. Bei der Durchführung des Dehntrainings wird daher ein Schwerpunkt auf Erhöhung der Beweglichkeit der Brustmuskulatur gelegt.

Hüftbeuge- und Wadenmuskulatur weisen dagegen keine eingeschränkte Beweglichkeit auf.

Vor allem Kniestreck- und Kniebeugemuskulatur der linken Körperhälfte sind in der Beweglichkeit leicht eingeschränkt. Auslöser dafür ist womöglich eine Schonhaltung der linken unteren Körperhälfte durch die alte Verletzung im Sprunggelenk und durch das auftretende Stechen im Kniegelenk nach sportlicher Aktivität. Zunächst wird also beim Dehntraining eine Verbesserung der Beweglichkeit speziell in der linken unteren Körperhälfte angestrebt.

Gleichzeitig wird im später aufgeführten Koordinationstraining Wert darauf gelegt, die obere Rückenmuskulatur zu kräftigen sowie den unteren Bewegungsapparat zu stabilisieren.

3 Trainingsplanung Beweglichkeitstraining

Tab. 3: Dehnprogramm für Frau XY.

Übung	Zielmuskulatur	Methode	Ausführung
1	Nackenmuskulatur (M. levator scapulare)	Aktiv statisch	• aufrechter Stand, Blick geradeaus • Kopf langsam Richtung Schulter neigen • Arm auf gestreckter Seite Richtung Boden ziehen um Dehnung zu erhöhen, in Position halten
2	Schultermuskulatur (M. trapezius)	Passiv dynamisch	• aufrechter Stand • Arm quer vor den Oberkörper nehmen u. waagrecht halten • Ellenbogen mit anderem Arm zur gegenüberliegenden Schulter ziehen bis deutliche Dehnung spürbar • kontrolliert, mit kleinen Bewegungen in die Dehnung hinein gehen u. wieder lösen
3	Brustmuskulatur (M. pecftoralis major)	Passiv statisch	• aufrechter Stand mit Brust direkt an einer Wand • Arm auf Schulterhöhe flach, parallel zum Boden an die Wand legen • Oberkörper aus dieser Position heraus drehen, Arm u. Schulter des angelegten Armes bleiben an der Wand • aufdrehen bis deutliche Dehnung spürbar, in Position halten
4	Brustmuskulatur (M. pectoralis major)	Passiv postisometrisch	• vor Wand stellen u. Hände knapp über Kopfhöhe an die Wand legen • Kopf u. Schultern langsam senken bis leichte Dehnung spürbar • Brustmuskulatur ca. 10 Sek. andehnen, Brustmuskulatur 10 Sek. anspannen, danach 2 Sek. völlig entspannen, nun Dehnposition für 20 Sek. mit deutlich spürbarer Dehnung einnehmen
5	Hüftbeugemuskulatur (M. iliopsoas)	Passiv dynamisch	• Schrittstellung mit aufrechtem Oberkörper, hinteres Kniegelenk bleibt gestreckt, vorderes angewinkelt • Füße zeigen parallel nach vorne, Fußsohlen bleiben durchgehend fest am Boden • Körperschwerpunkt langsam auf das vordere Bein verlagern bis deutliche Dehnung spürbar • kontrolliert, langsam mit kleinen Bewegungen in die Dehnung hinein gehen u. wieder lösen
6	Kniestreckmuskulatur (M. rectus femoris)	Passiv statisch	• sicherer Einbeinstand, Standbein leicht gebeugt • Fuß des freien Beines langsam Richtung Gesäß ziehen, Knie eng nebeneinander halten • Schambein Richtung Bauchnabel ziehen bis deutliche Dehnung spürbar, in Position halten
7	Kniestreckmuskulatur (M. rectus femoris)	Passiv statisch	• Bauchlage einnehmen • Fuß Richtung Gesäß ziehen bis deutliche Dehnung spürbar • Knie eng lassen, Hüfte bleibt in Bodenkontakt, in Position halten
8	Kniebeugemuskulatur (Mm. ischiocrurales)	Passiv dynamisch	• Schrittstellung, Gewicht auf hinterem, leicht gebeugtem Bein, anderes Bein nach vorne gestreckt u. auf Ferse aufgesetzt • Rücken ist gestreckt, Rumpf leicht vor gebeugt bis Dehnung spürbar • kontrolliert, langsam mit kleinen Bewegungen in Dehnung hinein gehen u. wieder lösen
9	Kniebeugemuskulatur (Mm. ischiocrurales)	Aktiv-passiv statisch	• Rückenlage • Bein mit Händen maximal zum Oberkörper ziehen u. dann das Knie maximal strecken, Position halten
10	Zwillingswadenmuskel (M. gastrocnemius)	Aktiv dynamisch	• Schrittstellung, vorderes Bein leicht gebeugt, hinteres gestreckt, Füße stehen parallel • Becken u. Rumpf langsam nach vorne bewegen bis Dehnreiz spürbar • kontrolliert, langsam mit kleinen Bewegungen in die Dehnung hinein gehen u. wieder lösen

Tab. 4: Belastungsgefüge des Dehnprogramms für Frau XY.

Übung/en	Häufigkeit	Sätze	Dauer / Wiederholungen	Intensität
1	3x pro Woche	4	Je 30 Sek.	maximal
2,8	3x pro Woche	4	20 Wiederholungen	maximal
4	3x pro Woche	4	10 Sek. andehnen, 10 Sek. anspannen, 2 Sek. entspannen, 20 Sek. dehnen	weiches bis maximales Dehnen durch Wechsel
5	3x pro Woche	3	20 Wiederholungen	maximal
3, 6, 7	3x pro Woche	4	20 Wiederholungen	maximal
9	3x pro Woche	4	20 Wiederholungen	maximal
10	3x pro Woche	3	20 Wiederholungen	maximal

Begründung:

Ausgehend von den Ergebnissen aus der Beweglichkeitstestung bei Frau XY, wurde auf die Muskelgruppen mit leicht eingeschränkter Beweglichkeit durch Erhöhung der Satzzahl ein Schwerpunkt gesetzt.

Die Häufigkeit pro Woche richtet sich hauptsächlich nach der verfügbaren Zeit der Kundin. „Grundsätzlich sollte das Beweglichkeitstraining ganzjährig in das Training integriert werden …. Proportional zum Trainingsumfang sollte man auch den Umfang des Beweglichkeitstrainings erhöhen." (Schurr, 2005, S. 62). Das Dehnprogramm soll in die Erwärmung vor dem Koordinationstraining eingebaut werden.

„Durch das statische Dehnen kann die Muskelgruppe besser erfühlt werden, neue Übungen können zunächst einmal einfacher erlernt werden. …. Es spricht vieles dafür, alle verfügbaren Dehntechniken in das Trainings zu integrieren ..." (Schurr, 2005, S. 60). Durch die verschiedenen Aerobic-Kursen, an welchen Frau XY teilnimmt, konnte Sie bereits einen Eindruck der verschiedenen Dehnübungen und -methoden bekommen und bereits Übung darin sammeln. Um also zügig eine Verbesserung der Beweglichkeit und ein abwechslungsreiches Training zu gestalten, werden verschiedene Dehnmethoden angewandt.

„Jeder Muskel im Körper hat einen Gegenspieler, der ihm entgegengesetzt arbeitet. …. Wird eine dieser Muskelgruppen kräftiger oder beweglicher als die andere, können Dysbalancen entstehen, die unter Umständen Verletzungen oder Haltungsschäden nach sich ziehen." (Walker, 2014, S. 40). Mit diesem Wissen als Hintergrund und mit Fokus auf die in Beweglichkeit eingeschränkten Muskelgruppen und der gesundheitlichen Vorgeschichte von Frau XY, wurde darauf geachtet, dass Agonisten und deren Antagonisten gleichsam im Dehnprogramm aufgenommen werden. Dies soll dazu führen, den Schmerzen in Nacken- und Schulterbereich und dem Stechen im Kniegelenk entgegen zu wirken.

Bei der Wahl des Belastungsgefüges wurde klar, dass sich die verschiedensten Studien und Literaturen dazu finden lassen. Wenige weisen die selben Parameter auf, im Grunde sind aber Mittelwerte erkennbar. Wie auch in Tab. 2 wandte Schurr (2005) die Beweglichkeitstestung nach Janda (2000) an. Aus diesem Grund stützen sich die Anzahl der Sätze sowie die Dauer und die Wiederholungen auf Schurr (2005). Schon Marshall (1999) stellte fest, dass beide Intensitäten, weiches (submaximales) und maximales Dehnen, zwar die maximale Beweglichkeit kurzfristig deutlich erhöhen, aber dass die maximale Dehnintesität „ ... dabei der submaximalen Dehnintensität deutlich überlegen" (Marshall, 1999, S. 5) ist. Auf dieser Feststellung aufbauend wurde die Dehnintensität gewählt.

4 Trainingsplanung Koordinationstraining

Tab. 5: Übungen Koordinationstraining für Frau XY.

Übungsreihe /Zielmuskulatur	Übung	Ausführung
Standwaage auf Aerostep (großer Gesäßmuskel, komplette Oberschenkelrückseite, hinterer Deltamuskel, Kapuzenmuskel)	1	• Einbeinstand auf festem Boden • Standbein leicht gebeugt, freies Bein nach hinten leicht weggestreckt • Arme dienen der Balance
	2	• Einbeinstand auf festem Boden • Standbein leicht gebeugt, freies Bein nach hinten oben weg strecken • Oberkörper nach vorne lehnen, Hüfte beugen u. mit beiden Händen den Boden berühren
	3	• in Standwaage kommen: dazu Oberkörper nach vorne lehnen, Hüfte beugen u. beide Arme parallel zum Boden zur Seite strecken
	4	• Einbeinstand auf Aerostep • Standbein leicht gebeugt, freies Bein nach hinten leicht weg strecken • Arme dienen der Balance
	5	• Einbeinstand auf Aerostep • Standbein leicht gebeugt, freies Bein nach hinten leicht weg strecken • Arme dienen der Balance • leichte Impulsgebung durch Partner an verschiedenen Körperstellen
	6	• Standwaage auf Aerostep, Arme seitlich weg strecken
Vertikale Schwingung im Einbeinstand mit der Flexi-Bar (Deltamuskel, Brustmuskulatur, Bizeps, Trapezmuskel, Rautenmuskulatur, Zwillingswadenmuskel, Oberschenkelvorderseite, Oberschenkelrückseite, großer gesäßmuskel)	1	• beidbeiniger stabiler Stand, Knie leicht gebeugt, Bauch angespannt, auf geraden Rücken achten • Arme leicht gebeugt, etwa auf Schulterhöhe • Flexi-Bar in beiden Händen halten u. in der Vertikalen schwingen lassen
	2	• beidbeiniger stabiler Stand, Knie leicht gebeugt, Bauch angespannt, auf geraden Rücken achten • Arme leicht gebeugt, etwa auf Schulterhöhe • Flexi-Bar in beiden Händen halten u. in der Horizontalen schwingen lassen
	3	• beidbeiniger stabiler Stand, Knie leicht gebeugt, Rumpf leicht nach vorne gebeugt, auf geraden Rücken achten • Arme nach unten, Ellenbogen leicht gebeugt • Flexi-Bar in beiden Händen halten u. in der Horizontalen tief Richtung Boden schwingen lassen

	4	• beidbeiniger stabiler Stand, Knie leicht gebeugt, Bauch angespannt, auf geraden Rücken achten • Arme nach oben, Ellenbogen leicht gebeugt • Flexi-Bar in beiden Händen halten und in der Horizontalen über dem Kopf Richtung Decke schwingen lassen
	5	• beidbeiniger stabiler Stand, Knie leicht gebeugt, Bauch angespannt, auf geraden Rücken achten • Flexi-Bar in eine Hand nehmen, Arm seitlich von Oberkörper etwa auf Schulterhöhe wegstrecken, Ellenbogen leicht gebeugt • Flexi-Bar in der Vertikalen seitlich schwingen lassen
	6	• Einbeinstand, Knie leicht gebeugt, Bauch angespannt, auf geraden Rücken achten • Flexi-Bar in eine Hand nehmen, Arm seitlich von Oberkörper etwa auf Schulterhöhe wegstrecken, Ellenbogen leicht gebeugt • Flexi-Bar in der Vertikalen seitlich schwingen lassen

Tab. 6: Belastungsgefüge des Koordinationstrainings für Frau XY (nach Jansenberger, 2011, S. 47).

Übung	Häufigkeit	Sätze	Belastungsdauer	Satzpausen
A 1 - 6 B 1 - 6	3x pro Woche	4	Pro Satz 20 – 30 Sek. (bei eintretender Erschöpfung wird die Übung abgebrochen)	40 Sek. zwischen jedem Satz, 2 min. zwischen jeder Übung

Begründung:

Bei der Beweglichkeitstestung von Frau XY zeigten sich Defizite im oberen und unteren Bewegungsapparat. Aus diesem Grund wurde auch bei der Erstellung des Koordinationstrainings darauf geachtet, speziell diese Bereiche anzusprechen. Das Koordinationstraining findet im Sinne eines Gleichgewichtstrainings statt.

Bei der Übungsreihe A werden mehrere Problemzonen in Angriff genommen. Zum einen findet eine Sprunggelenks- und Kniestabilisation durch den nachgebenden Untergrund statt. Die Beugung im Knie und das Vorlehnen mit dem Oberkörper aktivieren vor allem die Oberschenkelrückseite und Vorderseite und den großen Gesäßmuskel. Die Seitstreckung der Arme aktiviert den hinteren Teil der Schultermuskulatur und den Kapuzenmuskel.

Die Übungsreihe B legt verstärkt Fokus auf die Oberkörperstabilisation, auch im Nackenbereich. Durch das Schwingen des Flexi-Bar überträgt sich der Bewegungsimpuls vor allem auf die Oberkörpermuskulatur. Die Aufgabe „... besteht immer darin, sich gegen die Schwingung des FLEXI-BAR® stabil zu halten und den Rumpf muskulär zu fixieren" (Thömmes, 2011, S. 26). Durch die Stabilisation des Oberkörpers wird den Schmerzen in Schulter- und Nackenbereich entgegengewirkt.

„Da es sich beim Koordinationstraining um ein motorisches Lerntraining handelt, ist eine neuromuskuläre Adaption erst im Verlaufe mehrerer Wochen zu erwarten" (Hottenrott &

Neumann, 2010, S. 216). Das Training soll in einem Zeitraum von etwa acht Wochen absolviert werden (Jansenberger, 2011, S. 74).

Aus dem zeitlichen Verfügungsrahmen der Kundin ergab sich eine Trainingshäufigkeit von dreimal die Woche. Das Koordinationstraining soll unmittelbar nach den Dehnübungen durchgeführt werden. Es ist darauf zu achten, dass zwischen den beiden Programmen eine kurze Pause eingelegt wird, um eine vorläufige Erschöpfung der Muskulatur zu vermeiden.

„Im Gegensatz zum Kraft- oder Ausdauertraining richtet sich das Training der koordinativen Fähigkeiten nicht nach fixen Vorgaben" (Jansenberger, 2011, S. 73). Dennoch gab Jansenberger (2011) Empfehlungen zum Belastungsgefüge des koordinativen Trainings im Sinne eines Gleichgewichtstrainings ab. Daraus ergab sich eine Satzzahl von 4 Sätzen pro Übung und Seite (Jansenberger, 2011, S 74). „Beim Koordinationstraining ist die Dauer von besonderer Bedeutung, da in ermüdetem Zustand keine koordinativen Verbesserungen erreicht werden können. Es kann (und muss) aber selbstverständlich geübt werden, eine Koordinationsverbesserung möglichst lange beibehalten zu können" (Hüter-Becker et al., 2013, S. 463). Die Belastungsdauer sollte zwischen 20 und 30 Sekunden liegen. Hierbei muss der Trainer ein sensibles Auge für die Erschöpfung der Kundin entwickeln. Sobald die ersten Ermüdungserscheinungen auftreten, wird die Übung abgebrochen und eine Pause eingelegt. Grundsätzlich wird zwischen jedem Satz eine Pause von 40 Sekunden, zwischen jeder Übung eine Pause von bis zu zwei Minuten eingelegt.

5 Studien: Effekte des Dehnens im Hinblick auf eine Verbesserung der sportlichen Leistungsfähigkeit

Tab. 7: Vergleich zweier Studien im Hinblick auf eine Verbesserung der sportlichen Leistungsfähigkeit.

„Veränderung der Reaktionszeit und Explosivkraftentfaltung nach einem passiven Stretchingprogramm und 10minütigem Aufwärmen"	Titel der Studie	„Dehnen und Leistung – primär psychophysiologische Entspannungseffekte?"
Henning E. M. & Rosenbaum, D.	Wer hat sie durchgeführt?	Wiemeyer, J.
1997	Publikationsjahr	2003
<ul><li>55 männliche Sportstudenten aus verschiedenen Disziplinen</li><li>Alter: 25,3 (± 4,0) Jahre</li><li>Größe: 181,9 (± 5,7) cm</li><li>Gewicht: 747,5 (± 78,5) N</li></ul>	Versuchspersonen	<ul><li>14 Erwachsene (6 Frauen, 8 Männer)</li><li>Alter – ø: 21 Jahre</li><li>Größe – ø: 174 cm</li><li>Geischt – ø: 66 kg</li></ul>
<ul><li>Test morgens, vor körperlicher Betätigung der Probanden</li></ul> Messung dreier Versuchsbedingungen: <ol><li>im unvorbereiteten Zustand (= PR)</li><li>nach dem Stretching (= POS)<ul><li>drei Minuten statische Wadendehnung von je 10 – 15 Sek.</li><li>zwei Übungen mit je 30 Sek.</li></ul></li><li>nach dem Lauf (= POR)<ul><li>10 Minuten laufen auf Laufband mit frei gewählter, langsamer Geschwindigkeit</li></ul></li></ol> Messung Aufwärmeffekt: <ul><li>Messung mit digitalem Thermometer auf der Haut über medialem Kopf des Gastrocnemius</li></ul> Messung Leistungsfähigkeit rechter Waden durch mechanische Vorrichtung: <ul><li>Probanden sollen auf akustisches Signal den Fuß so schnell u. so kräftig wie möglich strecken u. sofort wieder entspannen</li><li>erzeugte Kraft wird auf Fußplatte übertragen</li><li>dynamisch erzeugte, isometrische Plantarflexionskraft über an Kraftaufnehmer befestigtem Drahtseil erfasst</li><li>Flexibilität Sprunggelenk gemessen durch an Umlenkrolle befestigtes 13kg – Hantelgewicht, welches Fuß mit Drehmoment von 13 Nm in Richtung Dorsalfelxion zieht</li><li>dabei Drehachse Fußplatte = Drehachse des oberen Sprunggelenks</li><li>Drehachse der Fußplatte registriert Maß der Dorsalflexion im oberen Sprunggelenk</li><li>Messung Muskelaktivität medialer Gastrocnemiuskopf (Gas) und Soleus (Sol) durch über an Muskeln mit Bandagen befestigte bipolare, aktive Oberflächenelektroden (Signale an Elektrode verstärkt u. an Hauptverstärker weitergeleitet)</li></ul> Signifikanz: <ul><li>Ergebnisse aus fünf Einzelversuchen gemittelt u. mit Varianzanalyse gewertet</li><li>$p < 0,05$ ist signifikant</li></ul>	Versuchsaufbau	<ul><li>beidseitiges passiv – statisches Dehnen der Hauptmuskeln bei Vertikalsprung (Hüftstrecker, Hüftbeuger, Kniestrecker, Kniebeuger) je dreimal 20 Sek.</li><li>eine Hälfte der Gruppe startet mit A-Phase, andere mit B–Phase</li><li>Probanden zweimal an zwei verschiedenen Tagen untersucht (je ein AB- bzw. BA-Plan)</li><li>Aufgabe: vertikaler Streckspung mit Ausholbewegung</li></ul> A-Phase Ablauf: <ul><li>4 Standhochsprünge</li><li>5 Minuten standardisiertes Aufwärmen (Lauf - u. Sprungübungen)</li><li>4 Standhochsprünge</li><li>6 Minuten statisches Dehnen</li><li>4 Standhochsprünge</li></ul> B-Phase Ablauf: <ul><li>4 Standhochsprünge</li><li>5 Minuten standardisiertes Aufwärmen (Lauf - u. Sprungübungen)</li><li>4 Standhochsprünge</li><li>6 Minuten Entspannung (meditative Atementspannungsübung)</li><li>4 Standhochsprünge</li></ul> Messparameter: <ul><li>Sprunghöhe (Differenz zwischen Reichhöhe im Stand frontal zur Wand u. Reichhöhe im Sprung seitlich zur Wand)</li><li>Mittelwert der 4 Sprünge gewertet</li><li>Reliabilität liegt bei ≥ 0,8</li></ul> Methoden zur Auswertung: <ul><li>Normalverteilung: Kolmogorov-Smirnov-Tests, geprüft mit Lillie-fors-Korrektur</li><li>keine Normalverteilung gegeben, Mittelwertunterschiede mit Wilcoxon-Tests</li><li>Zusammenhangshypothesen mit Rangkorrelation nach Spearman geprüft (außer Reliabilitätsprüfungen)</li></ul> Effektgrößen: <ul><li>0,2 = gering</li><li>0,5 = mittel</li><li>0,8 = stark</li><li>da keine Normalverteilung gegeben, nur als grobe Tendenz interpretierbar</li></ul>

• p < 0,01 ist hochsignifikant		
POS: • Hauttemperatur unverändert • Dorsalflexion signifikant erhöht • prämotorische Komponente der Gesamtreaktionszeit (ab Signal bis Anstieg in Kraftsignal) nahezu unverändert • motorische Komponente der Gesamtreaktionszeit, auch elektromechanische Verzögerung (ab Anstieg in EMG bis Kraft-Signal) verlängert • max. entwickelte Kraft etwas niedriger • Zeit von Signal bis Erreichen der Spitzenkraft (Kraftanstiegsrate) fast unverändert • Halbrelaxationsrate leicht gesunken • Impuls (Integral der Kraft über die Zeit) signifikant um 8% gesunken • Abnahme der EMG-Amplitude u. EMG-Integral über ganzen Zeitraum POR: • Hauttemperatur +17°C • Dorsalflexion signifikant erhöht • prämotorische Komponente der Gesamtreaktionszeit signifikant -6ms • elektromechanische Verzögerung signifikant verkürzt • max. entwickelte Kraft hochsignifikant +15% • Kraftanstiegsrate hochsignifikant +15% • Halbrelaxationsrate hochsignifikant +30% • Impuls signifikant + 9% • Abnahme EMG-Amplitude u. EMG-Integral nach Laufen, über ganzen Messzeitraum integrierte EMG-Signale steigen nach Warmlaufen	Ergebnisse	• Test – Retest – Reliabilität der Sprungleistung mit Produkt – Moment – Korrelation bestimmt: signifikant positiv 0,982 – 0,996 • Testhalbierungsreliabilität durch Produkt – Moment – Korrelation bzw. Spearmen – Brown – Korrelation mit seriell u. Odd – even Verfahren bestimmt: bei 0,990 und höher (durchweg ausgezeichnete Reliabilität) • Aufwärmeffekt: Sprunghöhe +4,5% • nach Aufwärmen realisierte Sprunghöhe sank nach Dehnen um ø -2,6% • nach Aufwärmen realisierte Sprunghöhe sank nach Entspannung um ø - 2,2% • nach Dehnen bei 12, nach Entspannung bei 10 Probanden Abfall Sprunghöhe • Veränderung Sprunghöhe nach Dehnen u. Entspannung korrelieren signifikant • bei 9 Probanden Veränderung der Sprunghöhe beim Dehnen deutlicher, bei 4 Probanden genau umgekehrt
• generell nach Stretching Verlängerungen genommener Zeiten • Auslöser: vorgedehnte Komponenten des Muskels u. dadurch entstandenen größeres Sehnenspiel, welches überwunden werden muss • dadurch Verzögerung der Kraftentfaltung. • Folgen der Vordehnung zeigt Abnahme Kraftanstiegs- u. Halbrelaxationsrate. • alles deutet darauf hin, dass ausschließliches Stretching zu Beeinträchtigung sportlicher Leistung führt u. Fähigkeit der Kraftentfaltung mindert • allerdings: Kombination aus Stretching u. einem Aufwärmprogramm eventuell leistungssteigernd (nach Henning & Rosenbaum, 1997, S.99)	Schlussfolgerungen	• zunächst Bestätigung der negativen Effekte statischen Dehnens auf Kraft- u. Schnellkraftleistung • durch hohe Korrelation beträchtliche Bedeutung psychophysiologischer Entspannungseffekte des Stretchings zu erwarten • aber einschlägige Befunde zur genauen Spezifikation nicht bekannt, Interpretation also sehr allgemein und spekulativ • Befunde zum Absinken des AZAN nach statischem Dehnen lassen aufgrund reduzierter afferenter u. efferenter Zuflüsse zur Formatio reticularis zu allgemeinen Desaktivierungsprozessen zu (nach Wiemeyer, 2003, S. 293) • Verschlechterung der sportlichen Leistung durch statisches Dehnen ist zu erwarten, allerdings noch nicht ausreichende Befunde dafür vorhanden

6 Literaturverzeichnis

Albrecht, K. & Meyer, S. (2014). *Stretching und Beweglichkeit: Das neue Experten- handbuch.* Stuttgard: Karl F. Haug.

Henning, E. M., Rosenbaum, D. (1997). Veränderungen der Reaktionszeit und Explosivkraftentfaltung nach einem passive Stretchingprogramm und 10minütigem Aufwärmen. *Deutsche Zeitschrift für Sportmedizin, 48* (3), 95 – 99.

Hottenrott, K. & Neumann, G. (2010). *Trainingswissenschaft. Ein Lehrbuch in 14 Lek-tionen [Bd. 7].* Aachen: Meyer & Meyer.

Hüter-Becker, A., Betz, U., Heel, C., Kern, C., Quinten, S., Rauch, S. & Weinberg, A. (2013). *Das neue Denkmodell in der Physiotherapie. Band 1: Bewegungssystem.* Stuttgard: Georg Thieme.

Marshall, F. (1999). Wie beeinflussen unterschiedliche Dehnintensitäten kurzfristig die Veränderung der Bewegungsreichweite? *Deutsche Zeitschrift für Sportmedizin. 50* (1), 5 – 9.

Janda, V. (2000). *Manuelle Muskelfunktionsdiagnostik* (4. Aufl.). München: Urban & Fischer.

Jansenberger, H. (2011). *Sturzprävention in Therapie und Training.* Stuttgard: Georg Thieme.

Schurr, S. (2005). *Kraft und Beweglichkeit im Ausdauersport. Leistungssteigerung durch funktionelles Training.* Norderstedt: Books on Demand GmbH.

Thömmes, F. (2011). *FLEXI-BAR Body Plan. Die besten Übungen und Komplettpro-gramme für mehr: Balance, Flexibilität, Stabilität, Kraft, Ausdauer.* Grünwald: Co....press Sport.

Walker, B. (2014). *Anatomie des Stretchings. Mit der richtigen Dehnung zu mehr Be-weglichkeit* (1. erweiterte und überarbeitete Aufl.). München: riva.

Wiemeyer, J. (2003). Dehnen und Leistung – primär psychophysiologische Entspan-nungseffekte? *Deutsche Zeitschrift für Sportmedizin, 54* (10), 288 – 294.

7 Tabellenverzeichnis

Tab. 1: Personendaten Frau XY. 3
Tab. 2: Beweglichkeitstest bei Frau XY (nach Janda, 2000). 3
Tab. 3: Dehnprogramm für Frau XY. 6
Tab. 4: Belastungsgefüge des Dehnprogramms für Frau XY. 7
Tab. 5: Übungen Koordinationstraining für Frau XY. 8
Tab. 6: Belastungsgefüge des Koordinationstrainings für Frau XY (nach Jansenberger, 2011, S. 47) 9
Tab. 7: Vergleich zweier Studien im Hinblick auf eine Verbesserung der sportlichen Leistungsfähigkeit. 11

BEI GRIN MACHT SICH IHR WISSEN BEZAHLT

- Wir veröffentlichen Ihre Hausarbeit, Bachelor- und Masterarbeit

- Ihr eigenes eBook und Buch - weltweit in allen wichtigen Shops

- Verdienen Sie an jedem Verkauf

Jetzt bei www.GRIN.com hochladen und kostenlos publizieren